سِرّ النّجاح

كتبْها مُحمّد صُبْحي

The Secret of Success

Egyptian Arabic Reader – Book 5

by Mohamed Sobhy

lingualism

ISBN: 978-1-949650-25-9

Written by Mohamed Sobhy

Edited by Matthew Aldrich

English translation by Mohamad Osman

Cover art by Duc-Minh Vu

Audio by Heba Salah Ali

website: www.lingualism.com

email: contact@lingualism.com

Introduction

The **Egyptian Arabic Readers** series aims to provide learners with much-needed exposure to authentic language. The fifteen books in the series are at a similar level (B1-B2) and can be read in any order. The stories are a fun and flexible tool for building vocabulary, improving language skills, and developing overall fluency.

The main text is presented on even-numbered pages with tashkeel (diacritics) to aid in reading, while parallel English translations on odd-numbered pages are there to help you better understand new words and idioms. A second version of the text is given at the back of the book, without the distraction of tashkeel and translations, for those who are up to the challenge.

Visit the **Egyptian Arabic Readers** hub at **www.lingualism.com/ear**, where you can find:

- **free accompanying audio** to download or stream (at variable playback rates)

- a **guide** to the Lingualism orthographic (spelling and tashkeel) system

- a **forum** where you can ask questions about the vocabulary, grammar, etc. used in the story and help other learners

- a **blog** with tips on using our Egyptian Arabic readers to learn effectively

سِرّ النّجاح

الصُّبح يوْم الجُمْعة، نِزِل عمّ مُحمّد صاحِب القهْوَة و راح على المسْجِد، و شاف طِفْل صُغيّر.

الطِّفْل قال: "عمّو عمّو، هُوَّ المسْجِد منِيْن؟"

عمّ[1] مُحمّد ردّ: "بُصّ[2]، إنتَ هتِمْشي لِحدّ آخِر الشّارِع ده، و تِدْخُل يمِين، و بعْدها بِشارْعيْن هتِدْخُل يمِين برْضُه و هتْلاقيه."

"شُكْراً يا عمّو!"

عمّ مُحمّد قال: "اِسْتنّى اِسْتنّى! أنا رايِح أصْلاً، تعالى معايا."

الطِّفْل ردّ: "شُكْراً يا عمّو، هُوَّ إنتَ بِتْروح كُلّ يوْم؟"

عمّ مُحمّد قال: "لأ، صلاةْ الجُمْعة يوْم واحِد في الأُسْبوع. مِش عيْب تِكون كبِير كِده و متِعْرفْش صلاةْ الجُمْعة كام مرّة في الأُسْبوع؟ وَلّا إنتَ صُغيّر لِسّه بقى؟"

الطِّفْل ردّ: "لأ لأ لأ، أنا مِش صُغيّر. أنا عنْدي عشر سِنين كامْلين."

عمّ مُحمّد ضِحِك و قال: "طيِّب، يَلّا يَلّا بِسُرْعة بقى قبْل الصّلاة ما تْفوتْنا."

The Secret of Success

On a Friday morning, Uncle Muhammad, a coffee shop owner, went to the mosque and saw a little boy.

The child said, "Uncle, Uncle, where is the mosque?"

Uncle Muhammad replied, "Look, you will walk to the end of this street and take a right, and then in two blocks, you'll turn right again, and you'll find it."

"Thank you, Uncle!"

Uncle Muhammad said, "Wait, wait! I am going [there] actually. Come with me."

The child replied, "Thank you, Uncle. Do you go every day?"

Uncle Muhammad said, "No, the Friday prayer is one day a week. Isn't it a shame that you're so big and you don't know how many times a week Friday prayer is? Or are you still too little?"

The child replied, "No, no, no! I'm not little. I'm a whole ten years old."

Uncle Muhammad laughed and said, "Okay, come on, quickly then, before we miss the prayer."

---

[1] عمّو uncle is polite form of address to a male acquaintance a generation older, such as a friend's father.

[2] بَصّ lit. Look! does not have the same 'impatient' connotation as 'Look, ...' does in English. It is basically a filler to precede an explanation.

راح عمّ مُحمّد و الطِّفْل للمسْجِد، و قعد الطِّفْل جنْب عمّ مُحمّد و صلّوا. و لمّا طِلْعوا مع بعْض برّه المسْجِد عمّ مُحمّد سألُه: "أيْه بقى، عجبتك الخُطْبة؟"

الطِّفْل ردّ: "ياه، دي المرّة المِلْيوْن اللي يِقول فيها نفْس الخُطْبة!"

"لأ ابْقى ركِّز عشان بِيْقول كلام جِديد."

"المرّة الجايّة، المرّة الجايّة." الطِّفْل جِري.

❖ ❖ ❖

عمّ مُحمّد قابِل إسْماعيل في الطّريق. إسْماعيل ده صاحِب عربيةْ فول في نفْس المنْطِقة، و هُمّا الاتْنِين بِيِفْتحوا مع بعْض كُلّ يوْم.

عمّ مُحمّد سألُه: "إزيّك يا إسْماعيل؟ عامِل أيْه؟"

إسْماعيل ردّ: "الحمْدُ لِلّه يا عمّ مُحمّد كُلُّه تمام."

عمّ مُحمّد: "يلّا بلاش تأْخير على شُغْلك."

"هبْدأ الشُّغْل أهه، هطْلع البيْت الأوِّل. خمس دقايِق بسّ."

طِلع إسْماعيل بيْتُه اللي موْجود جنْب قهْوةْ عمّ مُحمّد، بسّ اِتأخّر و منْزِلْش.

Uncle Muhammad and the child went to the mosque, and the child sat next to Uncle Muhammad and prayed. And when they together went out of the mosque, Uncle Muhammad asked him, "Well then, did you like the sermon?"

The child replied, "Oh, this is the millionth time he has told the same sermon!"

"No! Pay attention next time because he does say something new."

"Next time, next time." The child ran off.

Uncle Muhammad ran into Ismail on the way. Ismail is the owner of a ful cart in the same neighborhood, and they both open [their shops] together every day.

Uncle Muhammad asked him, "How are you, Ismail? How's it going?"

Ismail replied, "Praise be to God, Uncle Muhammad, everything is fine."

Uncle Muhammad, "All right, you'd best not be late for work."

"I'll start working now. But I'll go home first–give me just five minutes."

Ismail went upstairs to his apartment, which was next to Uncle Mohammad's coffee shop, but was late and didn't come [back] down.

النّاس اتْجمّعت حَوالَيْن عربيةْ الفول و مِسْتنّيين إسْماعيل ينْزِل عشان ياكْلوا مِن عربيةْ الفول زيّ كُلّ يوْم.

لكِن إسْماعيل منْزِلْش خالِص.

واحِد مِن النّاس قال: "أيْه يا عمّ مُحمّد، ما تْنادي على عمّ إسْماعيل؟ النّاس عايْزة تاكُل."

عمّ مُحمّد قال: "اِهْدوا يا جماعة! مُمْكِن يِكون فيه مُشْكِلة. أكيد شْويّة و هينْزِل."

عدّى ساعة، و اِتْنيْن و تلاتة و النّاس مِشْيِت. و عمّ مُحمّد قِلِق على إسْماعيل.

عمّ مُحمّد نادى على البوّاب و قال: "اِطْلع و شوف إسْماعيل منْزِلْش ليْه كِده."

البوّاب طِلِع البيْت بِسُرْعة. و برْضُه منْزِلْش، وَلا إسْماعيل نِزِل.

عمّ مُحمّد بدأ يِقْلق و يِخاف و طِلِع بِسُرْعة لِبيْت إسْماعيل.

عمّ مُحمّد شاف البوّاب واقِف قُدّام الباب فا قالُه: "إنتَ منزِلْتِش إسْماعيل ليْه؟"

People gathered around the ful cart and were waiting for him to come down so they could eat from the ful cart like every day.

But he didn't come down at all.

One of the people said, "Hey, Uncle Muhammad, why don't you call Uncle Ismail? People want to eat."

Uncle Muhammad said, "Calm down, everyone. There might be a problem. I'm sure he'll be down in a bit."

An hour passed–two, three–and the people were gone. Uncle Muhammad was worried about Ismail.

Uncle Muhammad told the doorman to go up and see why Ismail hadn't come down.

The doorman went upstairs. And he, too, did not come [back] down, nor did Ismail.

Uncle Muhammad started to worry and quickly went up to Ismail's place.

Uncle Muhammad saw the doorman by the door and asked him, "Why didn't you tell Ismail to come down?"

البوّاب ردّ: "واللّهِ يا عمّ مُحمّد، فِضِلْت أخبّط على الباب و محدِّش طِلِعْلي خالِص."

"لأ ده كِده يِبْقى أكيد فيه مُشْكِلة."

عمّ مُحمّد و البوّاب خبّطوا على الباب جامِد.

عمّ مُحمّد نادى: "فيه حدّ هِنا؟!"

إسْماعيل فتح الباب.

عمّ مُحمّد قال: "أيْه يا إسْماعيل، خضّيْتْنا عليْك. بقالك كِتير منْزِلْتِش و النّاس مِشْيِت."

إسْماعيل ردّ: "معْلِشّ يا عمّ مُحمّد بقى. طارِق إبْني منْزِلْش يِصلّى، و قاعِد زعْلان مِن إمْبارِح."

"ياه، المَوْضوع كِبير بقى وَلّا أيْه[1]؟"

"اِدْخُل و كلِّمْه كِده. مُمْكِن تِتْفاهِم معاه."

دخل عمّ مُحمّد لِطارِق و سألُه: "مالك يابْني؟ فيه أيْه؟ أيْه اللي مِزعّلك بسّ؟"

و طارِق فِضِل مبيرُدِّش.

The doorman replied, "By God, Uncle Muhammad, I've been knocking on the door, but no one answered."

"Oh, no! Well then, there's definitely a problem."

Uncle Muhammad and the doorman banged on the door hard.

Uncle Muhammad called out. "Is anyone there?!"

Ismail opened the door.

Uncle Muhammad said, "What, Ismail, you frightened us over you. You haven't come down for an hour, and the people have left."

Ismail answered, "Never mind then, Uncle Muhammad. My son, Tariq, didn't go pray and has been upset since yesterday."

"Oh, is it a major issue or what?"

"Go in and a talk to him. Maybe that way, you can understand him."

Uncle Mohammad went in to [see] Tariq and asked him, "What's wrong, my son? What is it? What's upsetting you?"

Tariq wasn't answering.

---

[1] وﻻ أﻳﻪ؟ commonly comes at the end of a yes/no question and does not carry the same 'impatient' connotation as '... or what?' does in English.

عمّ مُحمّد قال: قولّي عشان أعْرف أساعْدك. مالك أيْه اللي مزِعّلك؟

طارِق أخيراً ردّ: "بُصّ يا عمّ مُحمّد، بِصراحة كدِه بقى، إحْنا معْرفْناش نِرْفع راسْكو."

"ترْفعوا راسْنا في أيْه يا طارِق؟"

"كُلّ ماتْش نلْعبْه نِخْسر، و ولا مرّة بِنِتْعادِل حتّى."

"و مالُه؟ اللِّعْب مكْسب و خِسارة."

"لأ يا عمّ مُحمّد، الموْضوع كِبير، مِش صُغيّر زيّ ما إنْتَ فاكِر."

عمّ مُحمّد قال: "يِبْقى إنتَ و صُحابك لازِم تِتْمرّنوا أكْتر، و تِروحوا الچيم اللي جنْب الإسْتاد."

"فِعْلاً، فِرِقْتْنا ضعيفة أوي، معَ إنّنا كِتير و فِرْقة كِبيرة في العدد."

عمّ مُحمّد قال: "العدد مِش كُلّ حاجة. لازِم تِكونوا جامْدين في الملْعب... و متِفْضلْش زعْلان كدِه كِتير."

"حاضِر يا عمّو." طارِق راح لِأبوه و قال: "آسِف يا بابا."

إسْماعيل طبْطب عليْه و قالُّه: "ولا يِهِمّك يابْني. المُهِمّ دِلْوَقْتي تِقول لِصْحابك على إنُّكو تِروحوا الچيم ده، زيّ ما عمّ مُحمّد قالّك.

Uncle Muhammad said, Tell me so I can help you. What's upset you?

Tariq finally replied, "Look, Uncle Muhammad, to be honest, we weren't able to do you proud."

"Do us proud in what, Tariq?"

"Every match we play, we lose. We haven't even tied once."

"So what? Playing consists of winning and losing."

"No, Uncle Muhammad, it's a big deal, not a little deal like you think."

Uncle Muhammad said, "You and your friends need to train more and go to the gym next to the stadium."

"Indeed, our team is very weak, although there are many of us—a good number of players."

Uncle Muhammad said, "Numbers are not everything. You have to be strong on the field... and don't remain upset like this for long."

"Yes, Uncle." Tariq went to his father and said, "Sorry, Dad."

Ismail patted him on the back and said to him, "Don't worry, son. What's important now is to tell your friends to go to that gym, just as Uncle Muhammad told you."

"خلاص يا إسْماعيل، سيب الوَلد بِراحْتُه. هُوَّ كِبير و فاهِم." عمّ مْحمّد قال.

نِزِل عمّ مْحمّد و إسْماعيل لِلقهْوَة.

إسْماعيل قال: "أيْه رأْيَك ما تيجي كِده نروح الأرْض و نِتْمشّى شْوَيّة؟"

عمّ مْحمّد ردّ: "ماشي يَلّا، و قولّي صحيح، إنْتَ زارِع أيْه السّنة دي؟"

"على حسب السّوق عايِز أيْه، بسّ غالِباً فول عشان العربية بِتاعْتي."

"فِعْلاً يا إسْماعيل، عربيةْ الفول بِتاعْتك ليها طعْم مُخْتلِف، الله يِنوّر."

"تِسْلم يا عمّ مْحمّد."

❖ ❖ ❖

بدأوا يِتْمشّوا في الشّارِع الواسِع، و العِيال الصُّغيّرة بِيِجْروا وَرا بعْض.

عمّ مْحمّد قال: "إنتَ عارِف يا إسْماعيل... إبني لَوْ كان هِنا كان هَيِتْبِسِط أوي دِلْوَقْتي."

إسْماعيل ردّ: "ليْه بقى؟"

"إنتَ مِش شايِف منْظر السّما وَلّا أيْه؟ و بعْديْن إبْني بِيْحِبّ التّصْوير و يِحِبّ يِصوّر السّما و الشّمْس و كِده."

"That's enough, Ismail. Leave the boy alone. He's old enough and understands," Uncle Muhammad said.

Uncle Muhammad and Ismail went down to the coffee shop.

Ismail said, "What do you think about us going to the farm and walking around a bit?"

Uncle Muhammad replied, "All right, let's go. Oh, and tell me, what are you growing this year?"

"It depends on what the market wants, but mostly ful beans for my cart."

"Indeed, Ismail. Your ful cart has a different taste. May God enlighten you."

"Thank you, Uncle Muhammad."

They started walking down the wide street as little kids were chasing each other.

Uncle Muhammad said, "You know, Ismail... if my son were here, he'd be very happy right now."

Ismail replied, "Why is that?"

"Do you not see the sky's appearance? My son loves taking photos and loves taking photos of the sky, the sun, and whatnot."

"أَيْوَه، بِصراحة الغُروب بِيِبْقى حِلْو أوي هِنا. اللّوْن الأخْضر مِن الشّجر و لوْن السّما الزّرْقا مُريح لِلعيْن."

عمّ مُحمّد قال: "بِالذّات لمّا يِكون الجوّ هادي بقى."

الوَلد الصُّغيّر اللي كان بِيْصلّي مع عمّ مُحمّد جِهْ و فِضِل يِخبّط على ضهْر عمّ مُحمّد، و قال: "عمو عمّو!"

عمّ مُحمّد قال: "أهلاً!"

"فاكِرْني؟" الوَلد سأل.

"طبْعاً، فاكْرك."

إسْماعيل قال: "هُوَّ مين ده يا عمّ مُحمّد؟"

عمّ مُحمّد: "ده وَلد جميل كِده كان بِيْصلّي معانا."

الوَلد الصُّغيّر سأل: "هُوَّ ليْه الشّمْس إمْبارِح كان لوْنها بُرْتُقاني و النّهارْده لوْنها أصْفر؟ و الصُّبْح كمان كان لوْنها أبْيَض... ليْه بقى؟"

عمّ مُحمّد ردّ و قال: "اللّوْن البُرْتُقاني و اللّوْن الأصْفر بِيْكونوا مَوْجودين وَقْت الشُّروق و الغُروب. إنّما الأبْيَض ده في نُصّ اليوْم، الضُّهْر يَعْني."

الوَلد قال: "آه! فِهِمْت فِهِمْت... عشان منْزهقْش مِن لوْن واحِد يَعْني."

"Yes. Honestly, the sunset is very beautiful here. The green color from the trees and the blue color of the sky is pleasant to the eye."

Uncle Muhammad said, "Especially when the weather is calm."

The little boy who had been praying with Uncle Muhammad came and kept banging on Uncle Muhammad's back and said, "Uncle, Uncle!"

Uncle Muhammad said, "Hello!"

"Remember me?" the boy asked.

"Of course, I remember you!"

Ismail said, "Who is this, Uncle Muhammad?"

"This is a fine boy who was praying with us."

The little boy asked, "Why was the sun orange yesterday, and now its color is yellow? And in the morning, its color was white, huh, why?"

Uncle Muhammad replied, "The orange and yellow colors are here during the time of sunrise and sunset. As for the white color, that is at the midday—or noon."

The boy said, "Oh! I understand, I understand. It's so that we don't get bored with one color!"

عمّ مُحمّد و إسْماعيل ضِحْكوا معَ الوَلد.

❖ ❖ ❖

طارِق مجمّع أصْحابُه و قالُّهم: "بُصّوا بقى... إحْنا لازِم نِكْسب الماتْش الجايّ مهْما حصل."

واحِد مِن الفريق قالُّه: "ما إحْنا كُلّ مرّة بِنْقول كِده. أيْه اللي هَيِتْغيّر يَعْني؟ و برْضُه هنِخْسر تاني."

طارِق قال: "خليك شُجاع بقى! إحْنا هنِتْمرّن و هنروح الچيم، و نِكون أقْويا و نِفوز!"

واحِد تاني مِن الفريق قال: بِصراحة كِده، أنا خايِف نِلاعِبْهُم تاني، كُلّ واحِد فيهُم طَويل و عريض و كِبير، و حاسِس إنِّنا ضُعاف.

طارِق ردّ: "إحْنا كمان فينا ناس كُبار على فِكْرة، و اللي بِيِتْمرّن أكْتر هُوَّ اللي هَيِكْسب، و إحْنا اللي هنِكْسب، اِتّفقْنا؟"

أصْحاب طارِق قالواكُلُّهُم: "اِتّفقْنا!"

طارِق راح معَ صُحابُه لِلچيم، و فِضْلوا يِتْمرّنوا كُلُّهُم كُلّ يوْم لِحدّ ما جِهْ معاد الماتْش.

Uncle Muhammad and Ismail laughed with the boy.

Tariq gathered his companions and said to them, "Look, now... we have to win this upcoming match no matter what happens."

One of the team said, "Well, we say that every time. What [do you think] will change? We'll lose again just the same."

Tariq said, "Come on, be brave! We'll train and go to the gym, become strong, and win!"

Another person from the team said, "Honestly, I'm scared to play them again. Every one of them is tall and wide and huge, and I feel that we're weak.

Tariq replied, "We also have huge people among us, by the way. And the ones who'll train more will win, and we'll be the ones to win! Do we agree?"

Tariq's friends all said, "We agree!"

Tariq went with his friends to the gym, and they kept training every day until the time of the match came.

"يَلّا النّهارْده المكْسب لينا! يَلّا يَلّا بِسُرْعة عشان منتْأخّرْش!"

الطِّفْل الصُّغيرّ جِري عليْهُم و قالْهُم: "مُمْكِن آجي معاكو؟"

طارِق قال: "لأ مِش مُمْكِن."

"بسّ أنا بلْعب كُوَيِّس واللّهِ!"

"يابْني إنتَ صُغيرّ. امْشي بقى. هتتْخبِط."

الطِّفْل قال: "طيِّب بُصّ، هاجي و أتْفرّج بسّ. مِش هعْمِل صوْت."

طارِق قال: "طيِّب يَلّا!"

❖ ❖ ❖

مِشي الفريق في طريق الملْعب و الطِّفْل الصُّغيرّ مِشي معاهُم.

الطِّفْل الصُّغيرّ قال: "هُوَّ ليه كُلُّكو لابْسين تيشيرْتات لونها بُرْتُقاني؟"

طارِق ردّ: "عشان نِعْرف بعْض و إحْنا بِنِلْعب. إحْنا بُرْتُقاني و التّانْيين هَيِلْبسوا لوْن أزْرق."

الطِّفْل قال: "إنتَ عارِف إنّ لوْن البُرْتُقاني ده نفْس لوْن الشّمْس؟"

"ماشي... بسّ اِسْكُت دِلْوَقْتي عشان نِركِّز قبْل الماتْش."

"Come on, today victory is for us! Come on, come on quickly, or we'll be late!"

The little boy ran toward them and said to them, "Can I come with you?"

Tariq said, "No, you can't."

"But I play really well, I swear to God."

"Son, you're too young… Go away now. You'll get hurt."

The child said, "Okay, I'll come and just watch. I won't make a sound."

Tariq said, "All right, come on!"

The team went on the way to the stadium, and the little boy walked with them.

The little boy said, "Why do you all wear orange t-shirts?"

Tariq replied, "So that we recognize each other when we're playing. We're [wearing] orange, and the others will wear blue."

The child said, "Do you know that the color orange is the same color as the sun?"

"Okay… now hush so we can concentrate before the match."

و فِضْلوا ماشْيين و ماشْيين... لِحدّ ما الطِّفْل قال: "ياه الطّريق طَويل أوي كِده ليْه؟"

طارِق ردّ: "قرّبْنا نِوْصل خلاص. الملْعب عنْد الشّجرة الكِبيرة اللي هِناك دي."

الطِّفْل قال: "ياه، ده الملْعب طِلِع واسِع أوي!"

طارِق قالُّه: "بُصّ اُقْعُد هِنا و متتِحرّكْش و اِتْفرّج بسّ."

"حاضِر."

بدأ الماتْش بيْن الفِرْقتيْن، و كان فريق طارِق بيِلْعب كُوَيِّس، بسّ الفريق التّاني كان أقْوى. و خِسِر فريق طارِق.

طارِق قال: "مِش مُمْكِن! إزّاي ده حصل؟"

صاحِب طارِق قالُّه: "قُلْتِلك. صعْب نِغْلِبْهُم.

❖ ❖ ❖

مِشي طارِق معَ صُحابه و هُوَّ مِتضايِق. و الطِّفْل فِضِل يِبُصّ عليْهُم و هُمّا ماشْيين. و الفريق التّاني قاعِد يِضْحك و يُرْقُص. راح الطِّفْل الصُّغيّر ده و مِشي وَراهُم لِحدّ ما وِقْفوا عنْد محلّ عصير قصب.

And they kept walking and walking until the child said, "Ugh, why is it so far?"

Tariq replied, "We're almost there. The stadium is next to that big tree over there."

The child said, "Wow! The stadium turned out to be very spacious!"

Tariq said to him, "Look, sit here and don't move. Just watch."

"Okay."

The match started between the two teams, and Tariq's team was playing well. However, the other team was stronger. And Tariq's team lost.

Tariq said, "This isn't possible! How could this happen?"

Tariq's friend said to him, "I told you... it's hard to beat them."

Tariq, upset, walked with his friends. And the child kept watching them as they walked while the second team was laughing and dancing. That little boy then went and followed them until they stopped at a sugarcane juice shop.

لاعِب مِن الفريق التّاني قال: "الحمْدُ للّه لوْلا عصير القصب ده كان زمانْنا بنِخْسر كُلّ مرّة.

لاعِب تاني قال: "عصير القصب ده أكْتر حاجة بحِبّ أشْربْها."

صاحِب محلّ عصير القصب قال: "أيّ خِدْمة يا شباب! و مبْروك المكْسب!"

الفريق كُلُّه فِضِل يِضْحك. و الطِّفْل جِري بِسُرْعة عشان يِعرّف طارِق بِاللّي شافُه.

قام راجِل كِبير مْوَقّفُه. الرّاجِل الكِبير قال: "إنتَ رايِح فيْن؟"

الطِّفْل ردّ: "أنا ساكِن في النّاحْيَة التّانْيَة يا عمّو عنْد العِمارة الطَّويلة دي."

الرّاجِل الكِبير: "و فيْن أبوك؟"

"بابا ساكِن هِناك في شقّة في العِمارة دي."

الرّاجِل الكِبير مصدّقْش الوَلد و راح واخْدُه لِمحلّ عصير القصب.

الرّاجِل الكِبير قال: "حدّ يِعْرف إبْن مين ده؟"

صاحِب محلّ عصير القصب ردّ: "لأ، أوِّل مرّة أشوفُه."

طيِّب سيبُه هِنا لِحدّ ما أسْأل المِعلِّم[1] في القهْوَة عليْه.

A player from the other team said, "Praise be to God! If it wasn't for this sugarcane juice, we'd be losing each time."

Another player said, "Sugarcane juice is the thing I like to drink the most!"

The owner of the sugarcane juice shop said, "Anytime, guys! And congratulations on the win!"

The whole team laughed, and the child ran quickly to tell Tariq what he had seen.

Then an old man stopped him. The old man said, "Where are you going?"

The child replied, "I live on the other side, Uncle, next to that tall building."

The old man asked, "And where is your dad?"

"Dad lives over there, in the apartment in this building."

The old man didn't believe the boy, so he took him to the sugarcane juice shop.

The old man asked, "Does anyone know whose son this is?"

The owner of the cane juice shop replied, "No, [this is] the first time I've seen him."

Okay, keep an eye on him until I ask the owner of the coffee shop about him.

---

[1] معلّم is a traditional title for a small business owner; not to be mistaken with مُعلِّم teacher.

راح الرّاجِل الكِبير و ساب الطِّفْل في محلّ عصير القصب، فِضِل الطِّفْل يبُصّ في المحلّ و لقى جنْبُه كوبّايَة فيها عصير، و شرِبْهُم.

صاحِب محلّ عصير القصب زعّق و قال: "إنتَ شرِبْت أيْه؟ مقُلْتليش الأوِّل ليْه؟ اِمْشي مِن هِنا، اِمْشي!"

طِلِع الطِّفْل يِجْري مِن المحلّ. و الرّاجِل الكِبير شافُه و هُوَّ بيِجْري.

الرّاجِل الكِبير راح لِصاحِب محلّ العصير بِسُرْعة و قالُّه: "إنْتَ سِبْتُه ليْه يِهْرب!"

صاحِب محلّ عصير القصب ردّ: "هُوَّ جري لِوَحْدُه."

راح شُوَيّة مِن النّاس يِجْروا وَرا الطِّفْل ده لكِن الطِّفْل كان أسْرع و وَصل بيْتُه قبْلُهُم.

❖ ❖ ❖

أوِّل ما فتح باب العِمارة شاف طارِق و كان تعْبان جِدّاً.

طارِق سألُه: "مالك بتِنْهج كِده ليْه؟"

الطِّفْل ردّ: "أنا تعْبان أوي."

"قولّي بسّ... أيْه اللي حصل؟"

The old man went and left the child, who kept looking in the shop and found a cup of juice next to him and drank it.

The owner of the sugarcane juice shop shouted and said, "What did you just drink? Why didn't you ask me first? Get out of here, now!"

The child ran out of the shop. And the old man saw him running.

The old man went to the owner of the sugarcane juice shop quickly and told him, "Why did you let him go?"

The owner of the cane juice shop replied, "He ran off on his own."

Some people were running after this child, but he was faster, and he reached home before them.

As soon as he opened the door to the building, he saw Tariq, who was very tired.

Tariq asked him, "Why are you panting so much?"

The child replied, "I'm really tired."

"Tell me... What happened?"

الطِّفْل قال: "أنا عرِفْت ليْه الفريق التّاني كسْبوكُم." و بعْديْن أُغْمى عليْه.

طارِق زعّق: "فوق! مالك؟ أيْه اللي حصل؟"

طارِق ندهْ على أبوه. و راح إسْماعيل و عمّ مُحمّد للطِّفْل ده و رشوا مايّة على وِشُّه.

و لمّا الطِّفْل فاق من الغَيْبوبة[1]، عمّ مُحمّد قالُّه: "مالك يابْني؟ أيْه اللي حصل؟"

الطِّفْل ردّ: "جرْيوا ورَايا بسّ هرِبْت منْهُم."

"شاطِر! بسّ أيْه اللي حصل؟"

"بعْد ما خسرْتوا الماتْش رُحْت ورَاهُم لحدّ ما سمِعْتُهُم بيِتْكلِّموا عن عصير القصب و إنّ هُوَّ السّبب في إنُّهُم بيِكسبوا. و هُوَّ عصير لوْنُه أصْفر كِده."

طارِق قال: "أَيْوَه أَيْوه عارْفُه، الأصْفر ده. بسّ إنتَ مُتأكِّد إنّك سمِعْتُهُم بيْقولوا كِده؟"

الطِّفْل ردّ: "أَيْوَه و على فِكْرة لمّا أنا شرِبْت العصير حسّيْت إنّي أسْرع و إنّي أقْدر أهْرب منْهُم."

The kid said, "I know why the other team beat you." And then he fainted.

Tariq shouted, "Wake up! What's wrong with you? What happened?"

Tariq called his father. And Ismail and Uncle Muhammad went to this child. They sprayed water on his face.

And when the kid regained consciousness, Uncle Muhammad said to him, "What's wrong, son? What happened?"

The child replied, "They ran after me, but I was able to get away."

"Good boy! But what happened?"

"After you lost the match, I went after them until I heard them talking about the sugarcane juice and how it's the reason they always win. It's this yellowish juice."

Tariq said, "Yes, yes, I know it... that yellow one. But are you sure you heard them say that?

The child replied, "Oh, and, by the way, when I drank the juice, I felt that I was faster and that I could escape from them."

---

[1] فاق مِن الغَيْبوبة lit. *awoke from unconsciousness*

طارِق قال: "أنا لازِمِ أروح أعرّف صُحابي بِسُرْعة."

❖ ❖ ❖

جِري طارِق و هُوَّ فرْحان و قال لِصْحابُه.

واحِد مِن صُحابه قال: "بسّ إحْنا معنْدِناش أيّ حدّ بيِبيع عصير قصب هِنا."

طارِق ردّ: "مِش مُشْكِلة! هنِزْرع القصب في أيّ أرْض، بسّ المُشْكِلة إنّ أرْض أبويا صُغيّرة."

واحِد تاني مِن الفريق قال: "أبويا، هُوَّ عنْدُه أرْض واسْعة و هنْلاقي مكان نِزْرع فيها."

"خلاص اِتّفقْنا!"

تاني يوْمِ راح الفريق لِلأرْض اللي هَيِزْرعوا فيها، و زرعوها كُلّها قصب، و فِضْلوا يِشْتغلوا كُلُّهُمِ في الأرْض.

❖ ❖ ❖

و عدِّت الأيّامِ و القصب بدأ يِكْبر و يِكْبر.

طارِق في مرّة قال: "أخيراً هنْفوز عليْهُمِ!"

Tariq said, "I have to go and let my friends know about this."

Tariq, happy, ran and told his friends.

One of his friends said, "But we don't have anyone who sells sugarcane juice here."

Tariq replied, "No problem. We'll plant sugarcane on some land, but the problem is that my father's land is too small."

Someone else from the team said, "My father has spacious land, and we can find a spot there to plant [the sugarcane]."

"Okay. Deal, then!"

The next day, the team went to the land on which they would plant [the sugarcane], and they planted it with sugarcane in its entirety, and they all worked the land.

The days passed as the sugarcane started growing and growing.

One time, Tariq said, "We'll finally beat them!"

واحِد مِن الفريق ردّ: "لَوْ هُوَّ ده السِّرّ... خلاص السِّرّ بقى معْروف!"

واحِد مِن أصْحاب طارِق نادى بِصوْت عالي: "الْحقوا الْحقوا! فيه قصب متْكسّر و مسْروق! القصب الأوِّل كان طوِيل، دِلْوَقْتي بقى قُصيرّ!"

الفريق كُلُّه جِري ناحْيِةْ صاحِبْهُم و شافوا القصب المِتْكسّر.

طارِق قال: "أكيد هُمّا السّبب... أكيد عِرْفوا إنِّنا عِرِفْنا السِّرّ و عشان كِده جُم يِسْرقوه. أنا اتْأكِّدْت دِلْوَقْتي إنّ السِّرّ في القصب فِعْلاً."

صاحِب طارِق ردّ: "و بعْديْن؟ هنِفْضل ساكْتين لِحدّ ما يِبوّظوا كُلّ القصب بِتاعْنا؟"

"بُصّ، أنا هكلِّم البوّاب و أقولُّه ييجي يُحْرُس الأرْض لِحدّ ما القصب يِكْبر و ناخْدُه."

صاحِب طارِق قال: "فِكْرة حِلْوَة!"

❖ ❖ ❖

روح طارِق البيْت و هُوَّ تعْبان و عطْشان.

مامِة طارِق قالِت: "اِغْسل إيدك يَلّا يا طارِق عشان طابْخة النّهارْده لحْمة هتِعْجِبْكو أوي."

One of the team [members] replied, "If this is the secret... well, then now the secret is out."

One of Tariq's friends called with a loud voice, "Look, look! There's some broken sugarcane and [it seems to have been] stolen! The sugarcane used to be tall, and now it's short!"

The whole team ran towards their friend and looked at the broken sugarcane.

Tariq said, "Of course, they're behind it... they definitely knew that we were in on their secret, and that's why they came and stole it. Now I'm certain that the secret is really in the sugarcane."

Tariq's friend replied, "And? Will we stay quiet until they destroy all of our sugarcane?"

"Listen, I'll talk to the doorman and tell him to guard the land until the sugarcane is grown and we take it."

Tariq's friend said, "Good idea!"

Tariq went home, tired and thirsty.

Tariq's mother said, "Wash your hands, now, Tariq! I cooked some beef today that you'll like very much!"

طارِق قال: "أَيْوَه، عايِز أيّ فراخ أَوْ لحْمة عشان الماتْش كمان يوْميْن و لازِم لأكون قوِي."

❖ ❖ ❖

بعْدها بِكام يوْم، راح طارِق و صُحابُه عشان يِجمّعوا القصب.

صاحِب طارِق قال لطارِق: "بِصراحة لوْلا البوّاب كان زمان القصب كُلُّه اتّاخِد."

طارِق راح للبوّاب و قالُّه: "شُكْراً يا عمّو! و لازِم نِعْزِمك على عصير قصب عشان تِعِبْت معانا."

البوّاب ردّ: "وَلا تعْب وَلا حاجة!"

بدأ صُحاب طارِق يِعْمِلوا عصير القصب، و شِرْبوه لِحدّ ما خلّصوه. و راحوا الماتْش.

طارِق قال لِصحابُه: "المرّة دي[1] مفيش عُذْر. لازِم نِكْسب يَعْني لازِم نِكْسب."

لِعِب فريق طارِق الماتْش، و كانوا بِيِلْعبوا حِلْو، بسّ فريق طارِق اِتْعادِل.

و لمّا طِلْعوا من الملْعب، طارِق قال: "كان نِفْسي نِكْسب أوي. نِعْمِل أيه تاني بسّ؟ إحْنا عمِلْنا كُلّ حاجة."

Tariq said, "Yes, I want any kind of chicken or beef because the match is in two days, and I have to be strong!"

Afterward, in the space of a few days, Tariq and his friends went to collect the sugarcane.

Tariq's friend said to Tariq, "Honestly, if it wasn't for the doorman, the sugarcane would have all been taken!"

Tariq went to the doorman, "Thanks, Uncle. We have to ask you to come and have some sugarcane juice as we have overworked you."

The doorman replied, "Don't worry about it."

Tariq's friends started making the sugarcane juice and drank it until they finished it. And they went to the match.

Tariq said to his friend, "This time, we have no excuse. We either win or we win!"

Tariq's team played the match, and they were playing well, but they tied.

And when they left the field, Tariq said, "I wanted to win so much. What else can we do? We've done everything."

---

[1] المرّة دي is pronounced as if it were المرّادي *ilmarrādi*, with a long vowel.

صاحِب طارِق ردّ عليْه: "على الأقلّ مخْسِرْناش زيّ كُلّ مرّة. متبْقاش زعْلان أوي كِده. و خلّيك مبْسوط."

واحِد تاني مِن الفريق قال: "و بعْديْن ده كُوَيِّس إنِّنا اتْعادِلْنا. دوْل بيِعْمِلوا القصب مِن زمان، و دي أوِّل مرّة لينا، طبيعي يِكونوا أحْسن مِنِّنا."

طارِق قال: "يَعْني نِسْتسْلِم؟ يَعْني منْحاوِلْش نِفوز؟"

صاحِب طارِق قال: "اِهْدي بسّ و متبْقاش زعْلان أوي كِده. الدُّنْيا يوْم أبْيَض و يوْم إسْوِد."

"بسّ الفريق بِتاعْنا أيّامُه كُلّها لوْنْها إسْوِد بسّ."

❖ ❖ ❖

راح الفريق لِقهْوِةْ عمّ مُحمّد.

عمّ مُحمّد سألْهُم: "ها، عملْتوا أيْه؟"

"اِتْعادِلْنا."

عمّ مُحمّد قال: "ماشي مبْروك! زعْلانين ليْه؟"

Tariq's friend replied to him, "At least we didn't lose like every time. Don't be so upset. Be content."

Another of the team [members] said, "Besides, it's a good that we tied. They have been making sugarcane [juice] for a long time, and this is our first time. It's only natural that they're better than us."

Tariq said, "Does that mean we surrender? Does that mean we don't try to win?"

Tariq's friend replied, "Just calm down and don't get so upset. In life, there are good days and bad days."

"But our team's days are all dark."

The team went to Uncle Muhammad's coffee shop.

Uncle Muhammad asked them, "Tell me, how did you do?"

"We tied."

Uncle Muhammad said, "Okay, congratulations! Why are you upset then?"

طارِق ردّ: "كان نِفْسِنا نِكْسب بسّ... بسّ هُمّا بِيِعْمِلوا القصب مِن زمان و دي أوِّل مرّة لينا."

"يَعْني المُشْكِلة في إنُّهُم بيِعْمِلوها مِن زمان و إنْتو لِسّه بادْئين؟"

صاحِب طارِق ردّ: "أَيْوَه يا عمّو، إحْنا بِنِتْمرّن أكْتر مِنْهُم و نِسْتاهِل نِكْسب."

عمّ مُحمّد قال: "طيِّب أيه رأْيكو أعْمِلُّكو قهْوَة؟ بِتِدّي طاقة، و في نفْس الوَقْت أنا بعْمِلْها مِن ٣٠ سنه، يَعْني مِن زمان أوي."

طارِق بصّ لِصْحابُه كِده و ابْتسم.

طارِق قال: "دي فِكْرة حِلْوة أوي يا عمّو!"

عمّ مُحمّد: "خلاص، قبْل ما تِروحوا الماتْش الجايّ تِعدّوا عليّا عشان أدّيكو القهْوَة."

طارِق قال: "شُكْراً أوي أوي يا عمّو!"

عمّ مُحمّد سابْهُم و هُوَّ بِيِضْحك و دخل القهْوَة.

عمّ مُحمّد راح لِإسْماعيل و قالُّه: "عاجْبك كِده يا إسْماعيل؟ إبْنك بقى مجْنون بِالكوْرة."

Tariq replied, "We just wanted to win... but they've been making the sugarcane juice for a long time, and this is our first time."

"So, the problem is that they've been making it for a long time, and you just started [making it]?"

Tariq's friend replied, "Yes, Uncle, we train more than them, and we deserve to win."

Uncle Muhammad said, "Okay, how about I make for you some coffee? It gives energy, and at the same time, I've been doing it for 30 years, so it's been a very long time."

Tariq looked at his friends and smiled.

Tariq said, "That's a very good idea, Uncle!"

Uncle Muhammad said, "Okay, before you go to the next match, drop by here so I can give you the coffee."

Tariq said, "Thank you very much, Uncle!"

Uncle Muhammad left them as he was laughing and went back into the coffee shop.

Uncle Muhammad went over to Ismail and said to him, "Happy, Ismail? Your son has become crazy about soccer."

إسْماعيل ردّ: "أه واللّهِ، بيْحِبّها زيّ عيْنيْه."

و كمِّل كلامُه و قال: "بُصّ بُص كِده يا عمّ مُحمّد اللي في الجُرْنان ده!"

"قوليّ إنْتَ، قريْت أيْه؟"

"فيه بُرْج كِبير أوي هَيِتْبنّي و هَيْكون أطْوَل بُرْج في مصْر."

"أَيْوَه كِده قول أخْبار حِلْوَة تخلّينا مبْسوطين."

"أه واللّهِ يا عمّ مُحمّد، أنا مبْسوط مِن أوِّل ما قريْت الخبر. البلد بقِت حِلْوَة خلاص."

❖ ❖ ❖

راح طارِق و صُحابه اليوْم اللي بعْدُه و شِربوا عصير القصب و القهْوَة، و راحوا على الماتْش.

صاحِب طارِق قال: "أنا حاسِس إنيّ قَوي أوي."

طارِق ردّ: "أَيْوَه كِده! ده اللي إحْنا عايْزينُه."

بدأ الماتْش، و كان فريق طارِق قَوي و أحْسن مِن الفريق التّاني. في نُصّ الماتْش طارِق خبط واحِد و وَقّعُه مِن غيْر قصْد. الحكْم طلّع كارْت أحْمر و قال: "اِطْلع برّه يا طارِق!"

Ismail replied, "By God, he loves it with all his heart and soul."

He continued speaking and said, "Take a look at what's in this newspaper, Uncle Muhammad."

"Tell me, what did you read?"

"There's a very tall building that's going to be built and will be the tallest tower in Egypt."

"Yes, some good news for a change to make us happy."

"By God, Uncle Muhammad, I've been happy since I read this news. The town has now become beautiful."

Tariq and his friends went the next day and drank the sugarcane juice and the coffee. And then went to the match.

Tariq's friend said, "I feel that I'm very strong."

Tariq said, "Oh, yes! That's just what we want."

The match started... and Tariq's team was strong and better than the other team. Tariq bumped into one [of the players] and unintentionally made him fall. The referee pulled out a red card and said, "You're out, Tariq!"

طارِق قال و هُوَّ مِسْتغرب: "إزّاي؟ مكانْش قصْدي... أنا حتّى مخدْتِش كارْت أصْفر الأوِّل!"

الحكْم قال: "لأ، إنتَ دخلْت عليْه جامِد، اِطْلع برّه!"

طارِق طِلع مِن الملْعب: "واللّهِ ده ظُلْم!

طارِق قعد يِشجّع فريقُه و يِنادي عليْهُم و جابوا جوْن و بقى فريق طارِق الكسْبان. و أوِّل ما جابوا الجوْن طارِق قال بِصوْت عالي: "جووّوْن! أنا مبْسوط أوي! اِوْعَوا تِخْسروا الماتْش ده! إنْتو أقْوى!"

خِلِص الماتْش و كِسِب فريق طارِق. و قعدوا يِحْتِفْلوا و يُرْقُصوا و يِغنّوا.

❖ ❖ ❖

الطِّفْل الصُّغيّر راح القهْوَة بِسُرْعة. الطِّفْل فِضِل يِتْنطّط و هُوَّ بيِقول: "كِسِبْنا! كِسِبْنا! هيييه!"

جِهْ بعْدها طارِق و صُحابُه و قعدوا كُلُّهُم في القهْوَة.

عمّ مُحمّد قال: "طالما كِسِبْتوا كِده، أنا عازِمْكو كُلُّكو على قهْوَة بقى عشان إنْتو خلّيْتوني مبْسوط و فرْحان بيكو."

طارِق ردّ: "أخيراً! أنا واللّهِ مبْسوط أوي يا عمّ مُحمّد."

Tariq said, confused, "How?! I didn't mean to... I didn't even get a yellow card first!"

The referee said, "No, you ran into him hard. Out! Now!"

Tariq left the field. "I swear, this is so unfair!"

Tariq kept supporting his team and calling them. They scored a goal, and Tariq's team was the winning [team]. Once they scored a goal... Tariq said in a loud voice, "Goooaaal! I'm very happy. Don't you dare lose this match! You're stronger!"

The match ended, and Tariq's team won. They kept celebrating and dancing and singing.

The little boy went to the coffee shop quickly. The boy kept jumping as he was saying, "We won! We won! Yay!"

Then came Tariq and his friends, and they all sat in the coffee shop.

Uncle Muhammad said, "Since you've won in this way, I'm inviting you all to have coffee, on the house, because you've made me happy and proud of you."

Tariq replied, "Finally! Me too, by God! I'm so happy, Uncle Muhammad."

شرِب الفريق كلُّه القهْوَة.

إسْماعيل ندهْ عليْهُم و قال: "أيْه ده؟ الْحقوا!"

طارِق ردّ: "أيْه يا بابا؟"

"مكْتوب[1] إنُّهْم هَيْخلّوا بلدْنا و البلد اللي جنْبِنا بلد واحْدة."

"قصْدك البلد اللي إحْنا كِسِبْناها؟"

"أَيْوَه، غالِباً."

طارِق قال: "لأ بقى، مِش لمّا نيجي نِكْسب يِخلّونا فريق واحِد!"

عمّ مُحمّد قال: "يا طارِق خلّيك ذكي. دِلْوقْتي هُمّا بيِعْمِلوا القصب أحْسن مِنِّنا، و إحْنا بنِعْمِل قهْوَة أحْسن مِنْهُم، عارِف ده يَعْني أيْه؟"

طارِق سأل: "يَعْني أيْه؟"

"يَعْني هتاخْدوا الحِلْو مِن البلديْن و هتْكونوا فريق أقْوى بِكْتير."

طارِق فِضِل قاعِد بيِفكّر.

صاحِب طارِق قال: "عنْدك حقّ يا عمّ مُحمّد!"

The whole team drank coffee.

Ismail called to them and said, "What's this? Listen up!"

Tariq replied, "What's going on, Dad?"

"It says here that they'll make our town and the town next to us into one [municipality]!"

"Do you mean the town that we beat?"

"Yes, probably."

Tariq said, "Oh, come on! Only when we've beaten them, they have to make us one team!"

Uncle Muhammad said, "Tariq, be smart. Currently, they make sugarcane juice better than we do, and we make coffee better than they do. Do you know what this means?"

Tariq asked, "What does it mean?

"It means you'll be taking the good stuff from both towns, and so will become a much stronger team."

Tariq kept on thinking...

Tariq's friend said, "You're right, Uncle Muhammad!"

---

[1] مكتوب lit. *[it is] written*

❖ ❖ ❖

و بعْد أيّام و أيّام و أيّام...

اِتْحوِّلت البلديْن لِبلد واحْدة كِبيرة. و اِتْحوِّل الفريقيْن الصُّغيّرين لِفريق واحِد كِبير و قَوي. و فاز بِالبطولة و اللّاعْبين خدوا ماديليات كمان.

و بعْدها راحوا محلّ عصير القصب و القهْوَة و حطّوا الماديليات في المكانين

و لمّا راحوا القهْوة طارِق قال: "شُكْراً يا عمّ مُحمّد! لولاك مكُنّاش هنْفوز بِالشّكْل ده."

عمّ مُحمّد ردّ: "اِشْكُروا صُحابْكو برْضُه. إنْتو عِرِفْتوا عصير القصب مُهِمّ إزّاي؟"

صاحِب طارِق نادى على عمّ مُحمّد و قال: "مِش هتِحْتِفِل بينا يا عمّ مُحمّد زيّ كُلّ مرّة ولّا أيْه؟"

صاحِب محلّ عصير القصب ردّ: "لأ لأ لأ! المرّة دي عنْدي أنا. كُلُّكو معْزومين على أحْلى عصير قصب!"

ضِحِك الفريق كُلُّه و عمّ مُحمّد، و راحوا لِمحلّ عصير القصب عشان يِشْربوا عصير القصب.

❖ ❖ ❖

After days and days and days...

The two towns turned into one big town. And the two small teams turned into one big and strong team. They won the championship, and the players received medals, too.

Then they went to the sugarcane juice and coffee shops and left the medals at both places.

And when they went to the coffee shop, Tariq said, "Thank you, Uncle Muhammad. If it hadn't been for you, we wouldn't have won in this way!"

Uncle Muhammad replied, "Thank your friends, too. How did you come to know that the sugarcane juice is important?"

Tariq's friend called Uncle Muhammad and said, "Won't you celebrate with us, Uncle Muhammad, like every time?"

The owner of the cane juice shop said, "No, no, no, this one's on me." You're all invited to have the best sugarcane juice!"

The whole team and Uncle Muhammad laughed and went to the sugarcane juice shop to drink the sugarcane juice.

و بعْديْن صاحِب محلّ عصير القصب شاف الطِّفْل الصُّغيرّ.

صاحِب المحلّ بصّلُه و قال: "ياه، هُوَّ انْتَ؟"

الطِّفْل الصُّغيرّ ضِحِك و شرِب العصير و طِلِع يجْري.

طارِق قال: "تعالى، تعالى! بسّ متروْحْش! إنتَ رايِح فينْ؟" و جِري وَراه و جابُه.

طارِق قالُّه: "هُوَّ إنتَ كُلّ ما تِشْرب عصير القصب تِجْري وَلّا أيْه؟ تعالى يَلّا عشان هنِتْصوّر كُلِّنا!"

و اِتْصوّروا كُلُّهُم صورة تذْكارية.

Then, the owner of the sugarcane juice shop saw the little boy.

The shop owner looked at him and said, "Ah! You again?"

The little boy laughed, drank the juice, and ran out.

Tariq said, "Come here! Come here! Don't leave! Where are you going?" And he ran after him and caught him.

Tariq said to him, "Do you have to run away every time you drink sugarcane juice, or what? Come now, we're all taking a photo."

And they all took a commemorative photo.

Arabic Text without Tashkeel

For a more authentic reading challenge, read the story without the aid of diacritics (tashkeel) and the parallel English translation.

الصبح يوم الجمعة، نزل عم محمد صاحب القهوة و راح على المسجد، و شاف طفل صغير.

الطفل قال: "عمو عمو، هو المسجد منين؟"

عم محمد رد: "بص، إنت هتمشي لحد آخر الشارع ده، و تدخل يمين، و بعدها بشارعين هتدخل يمين برضه و هتلاقيه."

"شكرا يا عمو!"

عم محمد قال: "استنى استنى! أنا رايح أصلا، تعالى معايا."

الطفل رد: "شكرا يا عمو، هو إنت بتروح كل يوم؟"

عم محمد قال: "لأ، صلاة الجمعة يوم واحد في الأسبوع. مش عيب تكون كبير كده و متعرفش صلاة الجمعة كام مرة في الأسبوع؟ ولا إنت صغير لسه بقى؟"

الطفل رد: "لأ لأ لأ، أنا مش صغير. أنا عندي عشر سنين كاملين."

عم محمد ضحك و قال: "طيب، يلا يلا بسرعة بقى قبل الصلاة ما تفوتنا."

راح عم محمد و الطفل للمسجد، و قعد الطفل جنب عم محمد و صلوا. و لما طلعوا مع بعض بره المسجد عم محمد سأله: "أيه بقى، عجبتك الخطبة؟"

الطفل رد: "ياه، دي المرة المليون اللي يقول فيها نفس الخطبة!"

"لأ ابقى ركز عشان بيقول كلام جديد."

"المرة الجاية، المرة الجاية." الطفل جري.

عم محمد قابل إسماعيل في الطريق. إسماعيل ده صاحب عربية فول في نفس المنطقة، و هما الاتنين بيفتحوا مع بعض كل يوم.

عم محمد سأله: "إزيك يا إسماعيل؟ عامل أيه؟"

إسماعيل رد: "الحمد لله يا عم محمد كله تمام."

عم محمد: "يلا بلاش تأخير على شغلك."

"هبدأ الشغل أهه، هطلع البيت الأول. خمس دقايق بس."

طلع إسماعيل بيته اللي موجود جنب قهوة عم محمد، بس اتأخر و منزلش.

الناس اتجمعت حوالين عربية الفول و مستنيين إسماعيل ينزل عشان ياكلوا من عربية الفول زي كل يوم.

لكن إسماعيل منزلش خالص.

واحد من الناس قال: "أيه يا عم محمد، ما تنادي على عم إسماعيل؟ الناس عايزة تاكل."

عم محمد قال: "اهدوا يا جماعة! ممكن يكون فيه مشكلة. أكيد شوية و هينزل."

عدى ساعة، و اتنين و تلاتة و الناس مشيت. و عم محمد قلق على إسماعيل.

عم محمد نادى على البواب و قال: "اطلع و شوف إسماعيل منزلش ليه كده."

البواب طلع البيت بسرعة. و برضه منزلش، ولا إسماعيل نزل.

عم محمد بدأ يقلق و يخاف و طلع بسرعة لبيت إسماعيل.

عم محمد شاف البواب واقف قدام الباب فا قاله: "إنت منزلتش إسماعيل ليه؟"

البواب رد: "والله يا عم محمد، فضلت أخبط على الباب و محدش طلعلي خالص."

"لأ ده كده يبقى أكيد فيه مشكلة."

عم محمد و البواب خبطوا على الباب جامد.

عم محمد نادى: "فيه حد هنا؟!"

إسماعيل فتح الباب.

عم محمد قال: "أيه يا إسماعيل، خضيتنا عليك. بقالك كتير منزلتش و الناس مشيت."

إسماعيل رد: "معلش يا عم محمد بقى. طارق إبني منزلش يصلى، و قاعد زعلان من إمبارح."

"ياه، الموضوع كبير بقى ولا أيه؟"

"ادخل و كلمه كده. ممكن تتفاهم معاه."

دخل عم محمد لطارق و سأله: "مالك يابني؟ فيه أيه؟ أيه اللي مزعلك بس؟"

و طارق فضل مبيردش.

عم محمد قال: قولي عشان أعرف أساعدك. مالك أيه اللي مزعلك؟

طارق أخيرا رد: "بص يا عم محمد، بصراحة كده بقى، إحنا معرفناش نرفع راسكو."

"ترفعوا راسنا في أيه يا طارق؟"

"كل ماتش نلعبه نخسر، و ولا مرة بنتعادل حتى."

"و ماله؟ اللعب مكسب و خسارة."

"لأ يا عم محمد، الموضوع كبير، مش صغير زي ما إنت فاكر."

عم محمد قال: "يبقى إنت و صحابك لازم تتمرنوا أكتر، و تروحوا الچيم اللي جنب الإستاد."

"فعلا، فرقتنا ضعيفة أوي، مع إننا كتير و فرقة كبيرة في العدد."

عم محمد قال: "العدد مش كل حاجة. لازم تكونوا جامدين في الملعب... و متفضلش زعلان كده كتير."

"حاضر يا عمو." طارق راح لأبوه و قال: "آسف يا بابا."

إسماعيل طبطب عليه و قاله: "ولا يهمك يابني. المهم دلوقتي تقول لصحابك على إنكو تروحوا الچيم ده، زي ما عم محمد قالك.

"خلاص يا إسماعيل، سيب الولد براحته. هو كبير و فاهم." عم محمد قال.

نزل عم محمد و إسماعيل للقهوة.

إسماعيل قال: "أيه رأيك ما تيجي كده نروح الأرض و نتمشى شوية؟"

عم محمد رد: "ماشي يلا، و قولي صحيح، إنت زارع أيه السنة دي؟"

"على حسب السوق عايز أيه، بس غالبا فول عشان العربية بتاعتي."

"فعلا يا إسماعيل، عربية الفول بتاعتك ليها طعم مختلف، الله ينور."

"تسلم يا عم محمد."

بدأوا يتمشوا في الشارع الواسع، و العيال الصغيرة بيجروا ورا بعض.

عم محمد قال: "إنت عارف يا إسماعيل... إبني لو كان هنا كان هيتبسط أوي دلوقتي."

إسماعيل رد: "ليه بقى؟"

"إنت مش شايف منظر السما ولا أيه؟ و بعدين إبني بيحب التصوير و يحب يصور السما و الشمس و كده."

"أيوه، بصراحة الغروب بيبقى حلو أوي هنا. اللون الأخضر من الشجر و لون السما الزرقا مريح للعين."

عم محمد قال: "بالذات لما يكون الجو هادي بقى."

الولد الصغير اللي كان بيصلي مع عم محمد جه و فضل يخبط على ضهر عم محمد، و قال: "عمو عمو!"

عم محمد قال: "أهلا!"

"فاكرني؟" الولد سأل.

"طبعا، فاكرك."

إسماعيل قال: "هو مين ده يا عم محمد؟"

عم محمد: "ده ولد جميل كده كان بيصلي معانا."

الولد الصغير سأل: "هو ليه الشمس إمبارح كان لونها برتقاني و النهارده لونها أصفر؟ و الصبح كمان كان لونها أبيض... ليه بقى؟"

عم محمد رد و قال: "اللون البرتقاني و اللون الأصفر بيكونوا موجودين وقت الشروق و الغروب. إنما الأبيض ده في نص اليوم، الضهر يعني."

الولد قال: "آه! فهمت فهمت... عشان منزهقش من لون واحد يعني."

عم محمد و إسماعيل ضحكوا مع الولد.

❖ ❖ ❖

طارق مجمع أصحابه و قالهم: "بصوا بقى... إحنا لازم نكسب الماتش الجاي مهما حصل."

واحد من الفريق قاله: "ما إحنا كل مرة بنقول كده. أيه اللي هيتغير يعني؟ و برضه هنخسر تاني."

طارق قال: "خليك شجاع بقى! إحنا هنتمرن و هنروح الچيم، و نكون أقويا و نفوز!"

واحد تاني من الفريق قال: بصراحة كده، أنا خايف نلاعبهم تاني، كل واحد فيهم طويل و عريض و كبير، و حاسس إننا ضعاف.

طارق رد: "إحنا كمان فينا ناس كبار على فكرة، و اللي بيتمرن أكتر هو اللي هيكسب، و إحنا اللي هنكسب، اتفقنا؟"

أصحاب طارق قالواكلهم: "اتفقنا!"

طارق راح مع صحابه للچيم، و فضلوا يتمرنوا كلهم كل يوم لحد ما جه معاد الماتش.

"يلا النهارده المكسب لينا! يلا يلا بسرعة عشان منتأخرش!"

الطفل الصغير جري عليهم و قالهم: "ممكن آجي معاكو؟"

طارق قال: "لأ مش ممكن."

"بس أنا بلعب كويس والله!"

"يابني إنت صغير. امشي بقى. هتتخبط."

الطفل قال: "طيب بص، هاجي و أتفرج بس. مش هعمل صوت."

طارق قال: "طيب يلا!"

❖ ❖ ❖

مشي الفريق في طريق الملعب و الطفل الصغير مشي معاهم.

الطفل الصغير قال: "هو ليه كلكو لابسين تيشيرتات لونها برتقاني؟"

طارق رد: "عشان نعرف بعض و إحنا بنلعب. إحنا برتقاني و التانيين هيلبسوا لون أزرق."

الطفل قال: "إنت عارف إن لون البرتقاني ده نفس لون الشمس؟"

"ماشي... بس اسكت دلوقتي عشان نركز قبل الماتش."

و فضلوا ماشيين و ماشيين... لحد ما الطفل قال: "ياه الطريق طويل أوي كده ليه؟"

طارق رد: "قربنا نوصل خلاص. الملعب عند الشجرة الكبيرة اللي هناك دي."

الطفل قال: "ياه، ده الملعب طلع واسع أوي!"

طارق قاله: "بص اقعد هنا و متتحركش و اتفرج بس."

"حاضر."

بدأ الماتش بين الفرقتين، و كان فريق طارق بيلعب كويس، بس الفريق التاني كان أقوى. و خسر فريق طارق.

طارق قال: "مش ممكن! إزاي ده حصل؟"

صاحب طارق قاله: "قلتلك. صعب نغلبهم.

مشي طارق مع صحابه و هو متضايق. و الطفل فضل يبص عليهم و هما ماشيين. و الفريق التاني قاعد يضحك و يرقص. راح الطفل الصغير ده و مشي وراهم لحد ما وقفوا عند محل عصير قصب.

لاعب من الفريق التاني قال: "الحمد لله لولا عصير القصب ده كان زماننا بنخسر كل مرة.

لاعب تاني قال: "عصير القصب ده أكتر حاجة بحب أشربها."

صاحب محل عصير القصب قال: "أي خدمة يا شباب! و مبروك المكسب!"

الفريق كله فضل يضحك. و الطفل جري بسرعة عشان يعرف طارق باللي شافه.

قام راجل كبير موقفه. الراجل الكبير قال: "إنت رايح فين؟"

الطفل رد: "أنا ساكن في الناحية التانية يا عمو عند العمارة الطويلة دي."

الراجل الكبير: "و فين أبوك؟"

"بابا ساكن هناك في شقة في العمارة دي."

الراجل الكبير مصدقش الولد و راح واخده لمحل عصير القصب.

الراجل الكبير قال: "حد يعرف إبن مين ده؟"

صاحب محل عصير القصب رد: "لأ، أول مرة أشوفه."

طيب سيبه هنا لحد ما أسأل المعلم في القهوة عليه.

راح الراجل الكبير و ساب الطفل في محل عصير القصب، فضل الطفل يبص في المحل و لقى جنبه كوباية فيها عصير، و شربهم.

صاحب محل عصير القصب زعق و قال: "إنت شربت أيه؟ مقلتليش الأول ليه؟ امشي من هنا، امشي!"

طلع الطفل يجري من المحل. و الراجل الكبير شافه و هو بيجري.

الراجل الكبير راح لصاحب محل العصير بسرعة و قاله: "إنت سبته ليه يهرب!"

صاحب محل عصير القصب رد: "هو جري لوحده."

راح شوية من الناس يجروا ورا الطفل ده لكن الطفل كان أسرع و وصل بيته قبلهم.

أول ما فتح باب العمارة شاف طارق و كان تعبان جدا.

طارق سأله: "مالك بتنهج كده ليه؟"

الطفل رد: "أنا تعبان أوي."

"قولي بس... أيه اللي حصل؟"

الطفل قال: "أنا عرفت ليه الفريق التاني كسبوكم." و بعدين أغمى عليه.

طارق زعق: "فوق! مالك؟ أيه اللي حصل؟"

طارق نده على أبوه. و راح إسماعيل و عم محمد للطفل ده و رشوا ماية على وشه.

و لما الطفل فاق من الغيبوبة، عم محمد قاله: "مالك يابني؟ أيه اللي حصل؟"

الطفل رد: "جريوا ورايا بس هربت منهم."

"شاطر! بس أيه اللي حصل؟"

"بعد ما خسرتوا الماتش رحت وراهم لحد ما سمعتهم بيتكلموا عن عصير القصب و إن هو السبب في إنهم بيكسبوا. و هو عصير لونه أصفر كده."

طارق قال: "أيوه أيوه عارفه، الأصفر ده. بس إنت متأكد إنك سمعتهم بيقولوا كده؟"

الطفل رد: "أيوه و على فكرة لما أنا شربت العصير حسيت إني أسرع و إني أقدر أهرب منهم."

طارق قال: "أنا لازم أروح أعرف صحابي بسرعة."

❖ ❖ ❖

جري طارق و هو فرحان و قال لصحابه.

واحد من صحابه قال: "بس إحنا معندناش أي حد بيبيع عصير قصب هنا."

طارق رد: "مش مشكلة! هنزرع القصب في أي أرض، بس المشكلة إن أرض أبويا صغيرة."

واحد تاني من الفريق قال: "أبويا، هو عنده أرض واسعة و هنلاقي مكان نزرع فيها."

"خلاص اتفقنا!"

تاني يوم راح الفريق للأرض اللي هيزرعوا فيها، و زرعوها كلها قصب، و فضلوا يشتغلوا كلهم في الأرض.

و عدت الأيام و القصب بدأ يكبر و يكبر.

طارق في مرة قال: "أخيرا هنفوز عليهم!"

واحد من الفريق رد: "لو هو ده السر... خلاص السر بقى معروف!"

واحد من أصحاب طارق نادى بصوت عالي: "الحقوا الحقوا! فيه قصب متكسر و مسروق! القصب الأول كان طويل، دلوقتي بقى قصير!"

الفريق كله جري ناحية صاحبهم و شافوا القصب المتكسر.

طارق قال: "أكيد هما السبب... أكيد عرفوا إننا عرفنا السر و عشان كده جم يسرقوه. أنا اتأكدت دلوقتي إن السر في القصب فعلا."

صاحب طارق رد: "و بعدين؟ هنفضل ساكتين لحد ما يبوظوا كل القصب بتاعنا؟"

"بص، أنا هكلم البواب و أقوله ييجي يحرس الأرض لحد ما القصب يكبر و ناخده."

صاحب طارق قال: "فكرة حلوة!"

روح طارق البيت و هو تعبان و عطشان.

مامة طارق قالت: "اغسل إيدك يلا يا طارق عشان طابخة النهارده لحمة هتعجبكو أوي."

طارق قال: "أيوه، عايز أي فراخ أو لحمة عشان الماتش كمان يومين و لازم لأكون قوي."

بعدها بكام يوم، راح طارق و صحابه عشان يجمعوا القصب.

صاحب طارق قال لطارق: "بصراحة لولا البواب كان زمان القصب كله اتاخد."

طارق راح للبواب و قاله: "شكرا يا عمو! و لازم نعزمك على عصير قصب عشان تعبت معانا."

البواب رد: "ولا تعب ولا حاجة!"

بدأ صحاب طارق يعملوا عصير القصب، و شربوه لحد ما خلصوه. و راحوا الماتش.

طارق قال لصحابه: "المرة دي مفيش عذر. لازم نكسب يعني لازم نكسب."

لعب فريق طارق الماتش، و كانوا بيلعبوا حلو، بس فريق طارق اتعادل.

و لما طلعوا من الملعب، طارق قال: "كان نفسي نكسب أوي. نعمل أيه تاني بس؟ إحنا عملنا كل حاجة."

صاحب طارق رد عليه: "على الأقل مخسرناش زي كل مرة. متبقاش زعلان أوي كده. و خليك مبسوط."

واحد تاني من الفريق قال: "و بعدين ده كويس إننا اتعادلنا. دول بيعملوا القصب من زمان، و دي أول مرة لينا، طبيعي يكونوا أحسن مننا."

طارق قال: "يعني نستسلم؟ يعني منحاولش نفوز؟"

صاحب طارق قال: "اهدي بس و متبقاش زعلان أوي كده. الدنيا يوم أبيض و يوم إسود."

"بس الفريق بتاعنا أيامه كلها لونها إسود بس."

***

راح الفريق لقهوة عم محمد.

عم محمد سألهم: "ها، عملتوا أيه؟"

"اتعادلنا."

عم محمد قال: "ماشي مبروك! زعلانين ليه؟"

طارق رد: "كان نفسنا نكسب بس... بس هما بيعملوا القصب من زمان و دي أول مرة لينا."

"يعني المشكلة في إنهم بيعملوها من زمان و إنتو لسه بادئين؟"

صاحب طارق رد: "أيوه يا عمو، إحنا بنتمرن أكتر منهم و نستاهل نكسب."

عم محمد قال: "طيب أيه رأيكو أعملكو قهوة؟ بتدي طاقة، و في نفس الوقت أنا بعملها من ٣٠ سنه، يعني من زمان أوي."

طارق بص لصحابه كده و ابتسم.

طارق قال: "دي فكرة حلوة أوي يا عمو!"

عم محمد: "خلاص، قبل ما تروحوا الماتش الجاي تعدوا عليا عشان أديكو القهوة."

طارق قال: "شكرا أوي أوي يا عمو!"

عم محمد سابهم و هو بيضحك و دخل القهوة.

عم محمد راح لإسماعيل و قاله: "عاجبك كده يا إسماعيل؟ إبنك بقى مجنون بالكورة."

إسماعيل رد: "أه والله، بيحبها زي عينيه."

و كمل كلامه و قال: "بص بص كده يا عم محمد اللي في الجرنان ده!"

"قولي إنت، قريت أيه؟"

"فيه برج كبير أوي هيتبني و هيكون أطول برج في مصر."

"أيوه كده قول أخبار حلوة تخلينا مبسوطين."

"أه والله يا عم محمد، أنا مبسوط من أول ما قريت الخبر. البلد بقت حلوة خلاص."

❖ ❖ ❖

راح طارق و صحابه اليوم اللي بعده و شربوا عصير القصب و القهوة، و راحوا على الماتش.

صاحب طارق قال: "أنا حاسس إني قوي أوي."

طارق رد: "أيوه كده! ده اللي إحنا عايزينه."

بدأ الماتش، و كان فريق طارق قوي و أحسن من الفريق التاني. في نص الماتش طارق خبط واحد و وقعه من غير قصد. الحكم طلع كارت أحمر و قال: "اطلع بره يا طارق!"

طارق قال و هو مستغرب: "إزاي؟ مكانش قصدي... أنا حتى مخدتش كارت أصفر الأول!"

الحكم قال: "لأ، إنت دخلت عليه جامد، اطلع بره!"

طارق طلع من الملعب: "والله ده ظلم!

طارق قعد يشجع فريقه و ينادي عليهم و جابوا جون و بقى فريق طارق الكسبان. و أول ما جابوا الجون طارق قال بصوت عالي: "جووون! أنا مبسوط أوي! اوعوا تخسروا الماتش ده! إنتو أقوى!"

خلص الماتش و كسب فريق طارق. و قعدوا يحتفلوا و يرقصوا و يغنوا.

❖ ❖ ❖

الطفل الصغير راح القهوة بسرعة. الطفل فضل يتنطط و هو بيقول: "كسبنا! كسبنا! هيييه!"

جه بعدها طارق و صحابه و قعدوا كلهم في القهوة.

عم محمد قال: "طالما كسبتوا كده، أنا عازمكو كلكو على قهوة بقى عشان إنتو خليتوني مبسوط و فرحان بيكو."

طارق رد: "أخيرا! أنا والله مبسوط أوي يا عم محمد."

شرب الفريق كله القهوة.

إسماعيل نده عليهم و قال: "أيه ده؟ الحقوا!"

طارق رد: "أيه يا بابا؟"

"مكتوب إنهم هيخلوا بلدنا و البلد اللي جنبنا بلد واحدة."

"قصدك البلد اللي إحنا كسبناها؟"

"أيوه، غالبا."

طارق قال: "لأ بقى، مش لما نيجي نكسب يخلونا فريق واحد!"

عم محمد قال: "يا طارق خليك ذكي. دلوقتي هما بيعملوا القصب أحسن مننا، و إحنا بنعمل قهوة أحسن منهم، عارف ده يعني أيه؟"

طارق سأل: "يعني أيه؟"

"يعني هتاخدوا الحلو من البلدين و هتكونوا فريق أقوى بكتير."

طارق فضل قاعد بيفكر.

صاحب طارق قال: "عندك حق يا عم محمد!"

و بعد أيام و أيام و أيام...

اتحولت البلدين لبلد واحدة كبيرة. و اتحول الفريقين الصغيرين لفريق واحد كبير و قوي. و فاز بالبطولة و اللاعبين خدوا ماديليات كمان.

و بعدها راحوا محل عصير القصب و القهوة و حطوا الماديليات في المكانين

و لما راحوا القهوة طارق قال: "شكرا يا عم محمد! لولاك مكناش هنفوز بالشكل ده."

عم محمد رد: "اشكروا صحابكو برضه. إنتو عرفتوا عصير القصب مهم إزاي؟"

صاحب طارق نادى على عم محمد و قال: "مش هتحتفل بينا يا عم محمد زي كل مرة ولا أيه؟"

صاحب محل عصير القصب رد: "لأ لأ لأ! المرة دي عندي أنا. كلكو معزومين على أحلى عصير قصب!"

ضحك الفريق كله و عم محمد، و راحوا لمحل عصير القصب عشان يشربوا عصير القصب.

و بعدين صاحب محل عصير القصب شاف الطفل الصغير.

صاحب المحل بصله و قال: "ياه، هو انت؟"

الطفل الصغير ضحك و شرب العصير و طلع يجري.

طارق قال: "تعالى، تعالى! بس متروحش! إنت رايح فين؟" و جري وراه و جابه.

طارق قاله: "هو إنت كل ما تشرب عصير القصب تجري ولا أيه؟ تعالى يلا عشان هنتصور كلنا!"

و اتصوروا كلهم صورة تذكارية.

Egyptian Arabic Readers Series

www.lingualism.com/ear

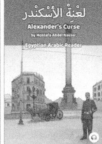

Lingualism
Egyptian
Arabic
Readers
lingualism.com/ear
Egyptian Arabic Reader
كإنّي ببُصّ في المِرايَة
Like Looking in a Mirror
by Nourhan Sabek
لعْنةْ الأسْكنْدر
Alexander's Curse
by Mostafa Abdel Nasser
Egyptian Arabic Reader
جيتار الحُبّ
The Guitar of Love
by Mohamed Sobhy
Egyptian Arabic Reader
Egyptian Arabic Reader
جَوازي صالوْنات
My Arranged Marriage
by Nourhan Sabek
Egyptian Arabic Reader
سِرّ النّجاح
The Secret of Success
by Mohamed Sobhy
Egyptian Arabic Reader
ميدان التّحْرير
Tahrir Square
by Mohamad Osman
أحْلام صامْتة
Silent Dreams
by Nourhan Sabek
Egyptian Arabic Reader
Egyptian Arabic Reader
الصّيّاد و العُمْلة المعْدنية
The Fisherman and the Coin
by Mohamed Sobhy
ديْل الكَلْب مُمْكِن يِتْعِدِل
A Dog's Tale
by Mohamad Osman
Egyptian Arabic Reader
Egyptian Arabic Reader
الصّداقة وَلّا الحُبّ؟
Friendship or Love?
by Nourhan Sabek
Egyptian Arabic Reader
الدّجّال
The Charlatan
by Mohamed Sobhy
شيريهان
Sherihan
by Shaimaa Tarek
Egyptian Arabic Reader
Egyptian Arabic Reader
أمل
Hope
by Nourhan Sabek
في الصّحرا
In the Desert
by Mohamed Sobhy
Egyptian Arabic Reader
المومْيا
The Mummy
by Mohamad Osman
Egyptian Arabic Reader

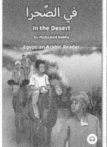

Made in the USA
Middletown, DE
10 January 2021